The Teeter

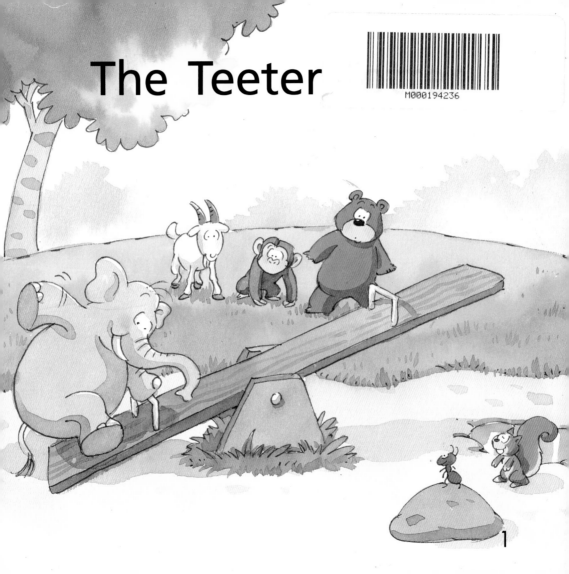

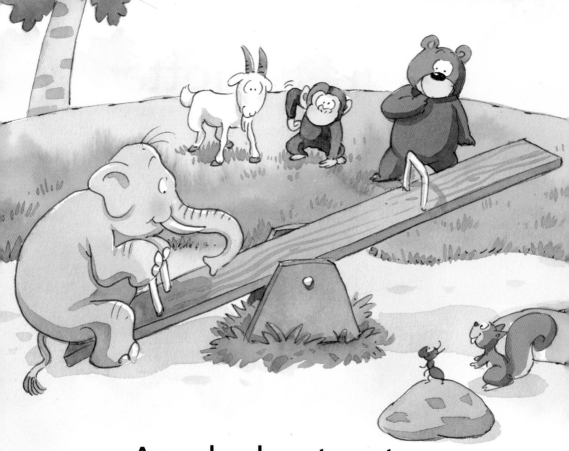

An elephant got on
the teeter-totter.

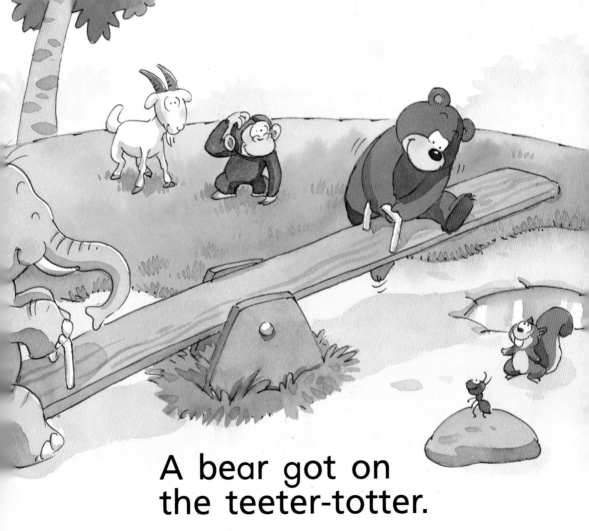

A bear got on
the teeter-totter.

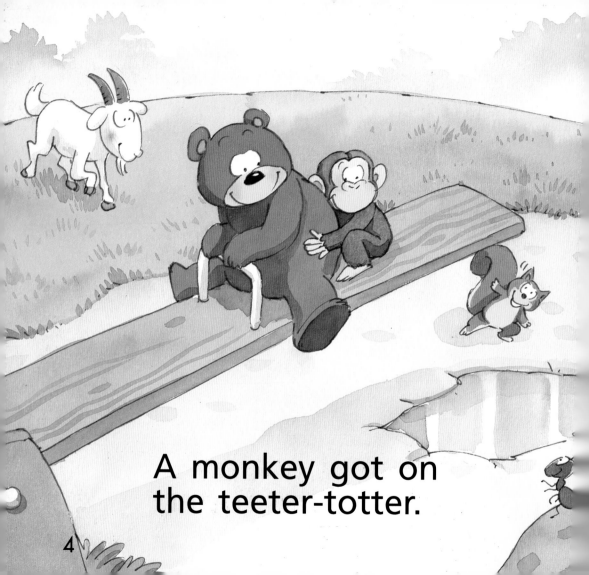

A monkey got on
the teeter-totter.

4

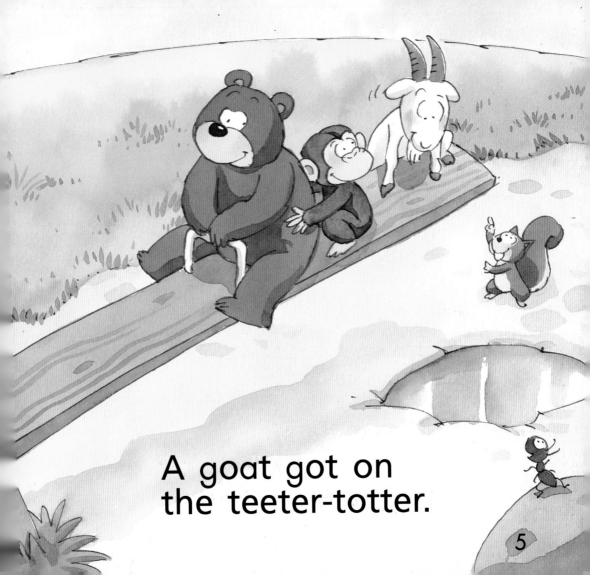

A goat got on
the teeter-totter.

5

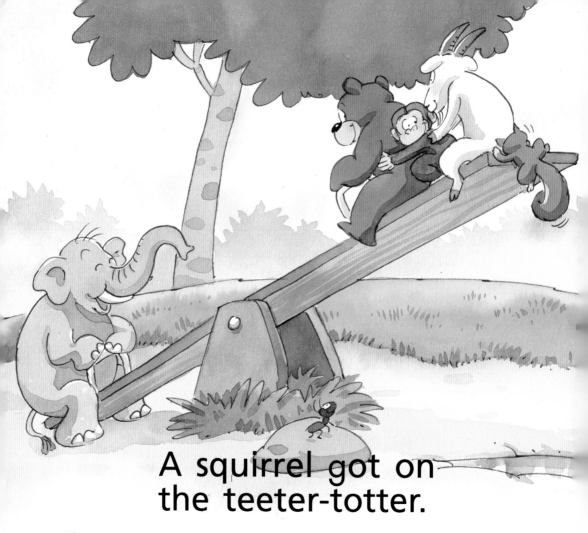

A squirrel got on
the teeter-totter.

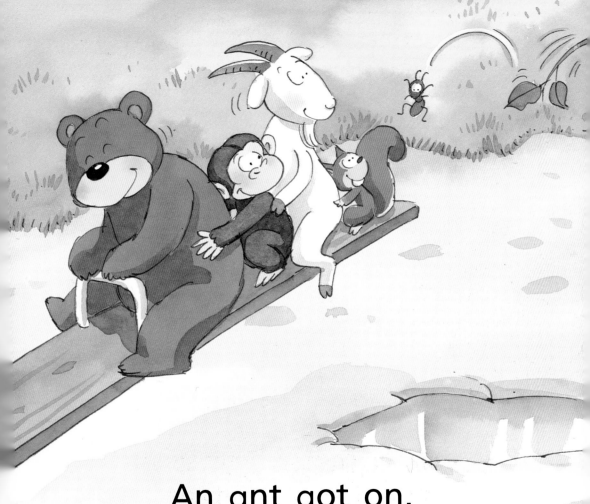

An ant got on.

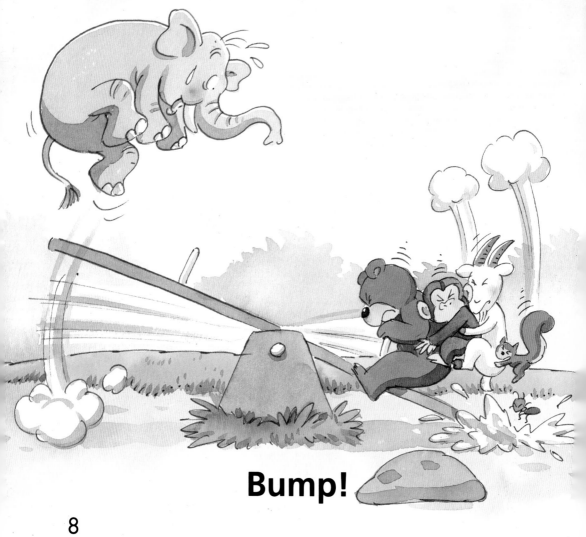

Bump!